RAPPORT

DU

Capitaine TOUTTAIN Fils

COMMANDANT LA COMPAGNIE

DES

FRANCS-TIREURS VIERZONNAIS

(Autorisée par décret en date du 8 novembre 1870)

BOURGES

IMPRIMERIE ET LITHOGRAPHIE A. JOLLET

2, — RUE DES ARMURIERS, — 2

1872

CAMPAGNE

FRANCS-TIREURS

VIERZONNAIS

Francs-Tireurs,

Un an s'est écoulé depuis le jour où la France terrassée vous rendait à vos foyers.

L'émotion profonde que je ressentis au moment de notre séparation m'empêcha de vous remercier comme vous le méritiez.

Aujourd'hui c'est au nom de la France mutilée que je viens rendre hommage à votre conduite et à votre bravoure, en publiant la narration de vos fatigues. C'est un douloureux souvenir qui devra vous rappeler sans cesse la nécessité d'aimer la patrie, en vous prouvant ce que peuvent quelques hommes unis désireux de faire leur devoir de bons français.

Jeunes gens pour la plupart, vous avez montré que votre cœur était viril et plein d'ardent patriotisme.

Vous avez débuté par un fait d'armes. Votre reconnaissance poussée en avant de Montigny au milieu d'une immense plaine, à 200 mètres des canons Prussiens, est un coup hardi dont au retour les avant-postes de l'armée vous ont remercié par un accueil des plus sympathiques.

Le lendemain vous receviez le baptême du feu à l'attaque de Santau. A la malheureuse déroute de l'armée de la Loire, les derniers, vous avez abandonné la forêt de Vierzon, après avoir tenu tête pendant deux heures à 4,500 Prussiens munis d'artillerie; cette résistance a permis l'évacuation à plus de 400 voitures auxiliaires.

Enfin, en dernier lieu, pendant 27 jours vous avez formé le rideau sur l'organisation du 25e corps; ayant pris position à dix lieues de l'armée Française et à quelques lieues du poste Prussien qui occupait La Ferté-Saint-Aubin, chaque jour vous harceliez les reconnaissances ennemies, qui toujours éprouvaient les rudes effets de vos embuscades, à ce point que l'officier Prussien commandant le poste de La Ferté avait juré de nous anéantir. Hélas il a réussi pour sept des nôtres, mais néanmoins votre retraite n'en est pas moins belle; car, pas à pas, vous avez cédé le terrain de Lamotte-Beuvron jusqu'à Salbris, poursuivis par 1,500 Prussiens munis d'artillerie. Nous espérions alors les attirer sur la division Pisani qui devait reprendre l'offensive, malheureusement ils s'arrêtèrent trop tôt, flairant le danger. Deux jours plus tard l'armistice était signé.

En recompense de vos bons services, un décret ministériel vous attacha à la division Pisani comme éclaireurs du 25ᵉ corps.

Ainsi donc, malgré votre petit nombre, vous vous êtes maintenus dans des positions toujours difficiles, cela vous prouve combien il était nécessaire de rester unis et fermes à vos postes.

Merci encore une fois Francs-tireurs Vierzonnais, merci à vos deux officiers, Fraillon et Poirier, qui m'ont donné un concours si utile.

Un mot me reste pour nos amis les Francs-tireurs du Bourbonnais et ceux de Tours, avec lesquels nous avons partagé quelques fois les fatigues et les dangers : souvenons-nous de leurs braves Commandants Turlin et Sansas.

TOUTTAIN fils.

Capitaine Commandant les Francs-tireurs Vierzonnais

RAPPORT

DU

CAPITAINE TOUTTAIN FILS

COMMANDANT LA COMPAGNIE

DES

FRANCS-TIREURS VIERZONNAIS

Autorisée par Décret en date du 8 Novembre 1870

PREMIÈRE PARTIE

Formation des Éclaireurs Vierzonnais. — Dès les premiers revers de notre armée je compris que la patrie, envahie par l'étranger, avait besoin dans l'intérêt de sa défense, du concours de toutes les intelligences, de tous les bras, de toutes les bourses, petites et grandes.

Plein de cette conviction, ne prenant conseil que de mon patriotisme, je me rendis auprès de la délégation du gouvernement à Tours, pour demander l'autorisation d'organiser une compagnie d'éclaireurs, persuadé qu'en raison de ma position et de mes nombreuses relations commerciales, il serait immédiatement fait bon accueil à ma demande.

Je me trompais cependant, et ce ne fut que quelques jours plus tard, alors que j'eus organisé à mes frais une petite compagnie, qui dès son entrée en campagne fut assez heureuse pour pouvoir donner de bons renseignements sur la position de l'ennemi, que je fus mandé à Tours, dans le cabinet de M. Frayssinet, qui, par l'intermédiaire de M. de Serre, me remercia, et m'engagea à continuer mes opérations, ce que je fis quelque temps encore.

Mes moyens ne me permettant pas de pourvoir plus longtemps à la dépense énorme de ma petite compagnie, j'en référai au gouvernement de la délégation, avec prière de m'autoriser à organiser définitivement une compagnie de Francs-tireurs de 50 hommes, qui porterait la dénomination de *Francs-tireurs Vierzonnais*.

L'effectif de 50 hommes, pour le genre d'opération auquel je voulais me livrer, me paraissant suffisant, j'avais cru devoir le limiter à ce nombre. .

L'autorisation me fut enfin accordée, et avec elle le grade de capitaine de la compagnie, chargé de son commandement.

Je ne prendrai le récit des opérations de ma compagnie qu'au moment où elle s'est trouvée mêlée d'une manière active aux opérations des divers corps d'armée au mouvement desquels elle se trouvait liée.

Tandis que l'armée du général d'Aurelles de Paladines campait aux environs de Marche—Noir, le général Defay occupait Salbris avec une division et j'allai avec mes dix éclaireurs me mettre à la disposition de ce dernier, dont le bon accueil fut pour moi comme une espèce d'encouragement qui me fit immédiatement prendre goût au nouveau et rude métier dont je commençais l'apprentissage.

1re *Campagne*. — Le soir même je disséminai ma compagnie entre la Ferté-St-Aubin, Vouzon, Ollivet et Orléans, tandis que de mon côté j'allais m'installer à Lamotte, point central où tous devaient me rallier, et me tenir au courant du résultat de leurs explorations.

Dès le lendemain et jours suivants je faisais parvenir, au général et au ministère de la guerre, des renseignements précis, touchant les positions de l'ennemi, ses forces approximatives sur les points où ils étaient en vue, les mouvements continuels de ses troupes et enfin les travaux qu'il exécutait à Ollivet et sur la Loire.

Quelques jours après, le 30 octobre, je recevais une lettre de félicitations du Colonel Directeur des bureaux de reconnaissance au Ministère de la guerre.

2e *Campagne*. — Un peu plus tard, ma compagnie, dont l'effectif s'était encore augmenté de quelques recrues, suivait à la piste les mouvements de l'ennemi, et je fus assez heureux pour pouvoir protéger la première locomotive conduite par M. de La Taille, faisant son entrée à Orléans, protection superflue, il est vrai, puisque les Prussiens étaient déjà en déroute, et dont il n'est parlé ici que pour constater la présence des Francs-tireurs Vierzonnais et leur arrivée des premiers dans Orléans. A 4 heures du soir nous étions aux abords du champ de bataille.

Ma compagnie n'étant point encore au complet,

elle ne pouvait être officiellement reconnue, pas plus que mon grade de Capitaine, circonstance qui, tout en retardant le moment où sa solde et son entretien passeraient à la charge de l'Etat, avait pour effet de restreindre considérablement mes pouvoirs, et de gêner mes allures, et en cas d'accident à l'un de mes hommes d'engager jusqu'à un certain point ma responsabilité.

Je m'occupai donc plus activement que jamais de la formation de ma compagnie, et le 8 novembre, je pus enfin recevoir ma nomination de capitaine, et voir ma position et celle de ma compagnie définitivement régularisées.

Le 15, mes hommes étaient tous, ou presque tous habillés.

Il est vrai que les frais d'habillement, moins le montant d'une faible souscription et une somme de 750 fr. pour les Francs-tireurs Vierzonnais, votée par le Conseil Municipal de Vierzon, restaient à ma charge mais peu m'importait, j'étais arrivé vite, mon but était atteint.

Le 17, en effet, je recevais l'ordre de me rendre à Tours pour y recevoir l'équipement et l'armement de ma compagnie.

Formation du corps des Francs-tireurs Vierzonnais. — Je présentai les nominations de mon lieutenant Fraillon et de mon sous-lieutenant Poirier, à qui il fut immédiatement délivré les commissions de leurs grades.

Le 21, la compagnie était de retour à Vierzon, équipée et armée du fusil Scharp, mauvais petit fusil

de pacotille dont les ressorts cassent très facilement, mal armée parconséquent.

Après quatre jours de marche et d'exercice à feu
je fus mandé à Bourges, par un télégramme du général Duval, pour de là aller rejoindre le commandant Dutemple, qui occupait Sancergues avec des
marins. Mais un nouveau télégramme du commandant Turlin des Francs-tireurs du Bourbonnais sous
les ordres duquel je fus placé, m'enjoignit de me
rendre à Chilleurs-au-Bois.

Ainsi le 26, nous étions à Orléans.

Le 27, à Saint-Lié, — campés.

Le 28, à Chilleurs-au-Bois.

Incorporation au 15ᵉ corps. — Informé de mon arrivée, le colonel Chopin, faisant fonctions de général
de brigade, me donna l'ordre d'aller prendre position
aux avant-postes, à Santau, où campaient déjà les
Francs-tireurs de Tours, ceux du Bourbonnais, le
4ᵉ régiment de chasseurs à pied et un bataillon d'infanterie de marine.

Donc, les 29 et 30 octobre, 1ᵉʳ et 2 décembre,
par un froid excessif, nous étions campés aux avant-
postes, d'où nous pouvions voir, de jour en jour,
l'armée Prussienne se fortifier et se masser.

Nos reconnaissances continuelles, avaient pour objectif principal d'étudier les mouvements de troupes
de l'ennemi et d'inquiéter ses vedettes, ce dont nous
nous acquittions de notre mieux.

Prise du bois de Montigny. — Nous pûmes constater, en effet, le commandant Turlin (des Bourbon-

nais), le capitaine Sansas (de Tours) et moi, qu'il nous eut été facile, encore jusqu'au 2, de nous établir nous-mêmes dans les magnifiques positions de Montigny, la ferme de Frappuy et ses dépendances et le village de Marc-au-Bois, d'où, le 3 au matin, des masses énormes, formées en demi-cercle et ayant environ cent bouches à feu forcèrent notre armée, après une heure d'une terrible canonnade, à battre en retraite et à leur abandonner Chilleurs-au-Bois, sans même avoir essayé de résister sérieusement.

Nous n'avions, il est vrai, qu'une batterie à opposer à l'ennemi, mais si elle avait donné en temps utile, c'est-à-dire avant le mouvement de concentration opéré par l'ennemi, on aurait pu empêcher ou tout au moins retarder ce mouvement.

En tout cas, il ne l'eut opéré qu'au prix de grands sacrifices, ce qui, dans notre situation, eut équivalu à un succès. Au lieu de cela, on le laissait tranquillement prendre de solides positions et accomplir tous ses mouvements stratégiques, de telle sorte qu'en nous attaquant à son heure et avec la supériorité des moyens d'action dont il disposait sur nous, toute résistance en effet devenait impossible. Aussi l'infanterie, qui avait le flair du danger, voyant les forces de l'ennemi et la supériorité de son armement, ne tarda pas à se débander. Le plus triste c'est qu'elle s'enfuit, sans avoir pour ainsi dire tiré un coup du fusil.

Attaque par l'armée Prussienne des avant-postes. — Ma compagnie avait pris position dans une ferme, sur la hauteur de Santau, derrière le moulin, objectif principal du tir des Prussiens et sur lequel venaient converger les feux croisés du centre et des extrémités des deux ailes de l'armée ennemie.

Un de mes hommes tomba gravement blessé, et par suite de sa blessure fut fait prisonnier ; cinq ou six autres furent plus ou moins grièvement contusionnés.

Retraite de l'armée française. — J'ordonnai alors la retraite, et, nous déployant en tirailleurs dans la plaine, nous regagnâmes la forêt d'Orléans.

Mon domestique, chargé de la conduite de mon matériel, battait en retraite par la route de Chilleurs-au-Bois, et il aurait réussi à le sauver des mains de l'ennemi, si un boulet de canon n'était venu briser une des roues de mon camion. Mais ce fâcheux incident l'ayant arrêté dans sa fuite, il fut pris avec mon camion, tout mon matériel et mes chevaux.

Certes, le désastre qui frappait l'aile droite de notre dernière armée était immense, mais il faut bien le dire, il n'eût point encore été irréparable si le découragement et la défiance n'eussent point envahi tous les cœurs.

Des travaux exécutés dans la forêt d'Orléans venant s'ajouter aux éléments de défense naturels que présentaient les bois, rien n'aurait empêché l'infanterie de s'y établir, et de s'y reformer très-rapidement, de façon à arrêter la marche de l'ennemi.

Il suffisait d'ailleurs, cela se comprend facilement, qu'une partie de nos fuyards se réfugiât dans la forêt, pour arrêter la marche des premières colonnes ennemies, toujours un peu incertaines à l'égard des forces qu'elles étaient exposées à trouver devant elles. Cela est si vrai, qu'ayant rencontré dans la forêt un déta-

chement de gardes-forestiers qui, déplorant l'abandon
de la forêt, offrait de se joindre à nous et de nous
piloter si nous voulions organiser la résistance dans
les bois, je crus de mon devoir de faire une démarche
auprès du général de Nansouty, qui, lui aussi, triste
et silencieux, battait en retraite. — A tort ou à raison
ma demande ne fut pas accueillie.

Je n'en persiste pas moins à penser que si une
batterie ou deux avaient voulu ou pu prendre position
dans la masse des fuyards, où dans la forêt, il y
avait plus de volontaires qu'il n'en fallait pour organiser une résistance sérieuse, et même reprendre
l'offensive et arrêter court la marche triomphante de
l'ennemi. — Mais hélas, en haut et en bas, partout le
feu sacré était éteint, et force nous fut de suivre le
mouvement d'écœurante retraite dont la force aveugle
et fatale entraînait les énergies les plus robustes,
pliait les âmes les plus fortes.

A 4 heures et demie du matin, nous entrions dans
Orléans. Sortis des premiers du port, nous y rentrions
des derniers. Néanmoins tout espoir n'était pas encore
perdu, Orléans pouvait devenir le centre d'une résistance formidable. — Tout s'y trouvait réuni pour
lutter au moins à chances égales.

A 7 heures du matin, je réunis ma compagnie,
encore toute haletante et épuisée de la longue retraite
et des marches et contre-marches qui l'avaient précé-
dée, engageant chacun à se tenir prêt à toute éventualité, et croyant encore à la résistance ; mais bientôt,
des convois, des détachements, puis enfin des corps
entiers, cavaliers, artilleurs et fantassins entrèrent

dans la ville, pêle-mêle, la plupart sans leurs officiers supérieurs, ne faisant que la traverser, et n'ayant même pas l'air de se douter qu'ils abandonnaient un point de ralliement par excellence.

Les soldats avaient un air de placidité qui faisait peine à voir, on aurait cru, à en juger par l'aspect de leur physionomie, qu'ils n'avaient pas le sentiment de leur situation. — Quant aux officiers, où étaient-ils?... je n'en vis qu'un très petit nombre. Des officiers supérieurs, point ; de 7 heures du matin à 4 heures du soir je ne vis qu'un seul général dans la rue Bannier. A la distance d'où je le vis, je ne pus distinguer si c'était le général d'Aurelles de Paladines, mais il me sembla que c'était lui. Le malheureux s'efforçait de mettre un peu d'ordre dans les rangs et le mouvement de retraite, mais, débordé par le flot, il dût bientôt renoncer à sa tâche.

A mon tour, quand il me fut bien démontré qu'Orléans était abandonné, je fis l'appel de ma petite compagnie, ce qui me permit de constater l'absence de deux de mes hommes, restés sur le champ de bataille, et nous allâmes chercher un gîte pour la nuit à La Ferté St-Aubin.

Je me trouvai couché, à La Ferté, chez un de mes amis, en compagnie d'officiers du trésor qui prirent la route de Lamotte-Beuvron vers une heure du matin.

A 6 heures du matin, j'étais sur pied, et je vis un général, dans la rue, occupé, seul, sans officiers d'Etat-Major à ses côtés, à faire passer, pour éviter l'encombrement, les cavaliers, les caissons et les chariots par une rue, et les fantassins par une autre.

Je lui demandai la permission de le remplacer, en attendant l'arrivée d'un de ses officiers.

Mes offres ayant été agréées, je pris la place du général, pendant un certain temps, c'est-à-dire jusqu'au moment où nous reçûmes l'ordre de battre en retraite jusqu'à Vierzon.

Maintenant de qui émanait cet ordre, qui témoignait d'une ridicule panique, je n'en sais rien ?

Le 5 au soir, j'avais tout mon monde, et le 6 au soir tous répondaient à l'appel à Vierzon. La retraite avait un aspect bien plus écœurant encore qu'à Orléans.

Les soldats, dont une grande partie n'avait pas même pris part au combat, arrivaient sans leurs fusils et sans leurs sacs.

Décidément, ils ne voulaient pas se battre ; c'était honteux.

Quant aux officiers, ils s'étaient de suite installés dans les hôtels et dans les cafés, ne songeant qu'à faire bombance et à sabler le champagne, et ne s'occupaient pas plus de cette masse grouillante qui traversait la ville, se dirigeant sur Bourges, inconsciente pour ainsi dire des mouvements qu'elle accomplissait, que si cette armée n'avait pas été la leur, que si ces soldats abrutis par le froid, le découragement et les liqueurs fortes, n'avaient pas été les leurs.

Ils avaient séparé leur honneur de l'honneur de l'armée. Peu leur importait le linceul de boue dans lequel l'armée Française s'ensevelissait. Pour eux, il n'y avait plus d'armée.

Par leur attitude, ils disaient clairement, nous ne voulons pas nous battre.

Disons-le, toutefois, à l'arrière-garde de notre triste armée, une batterie à moitié sacrifiée, autour de laquelle se groupaient volontairement, car il n'y avait plus ni commandement ni discipline, une poignée de braves appartenant à toutes les armes, la rage dans le cœur, soutenait la retraite, et ne se laissât jamais entamer

Le général prussien Schmitt, commandant l'avant-garde de l'armée ennemie, et qui, depuis Lamotte, et notamment à Salbris, s'était trouvé aux prises avec notre arrière-garde, dès son arrivée à Vierzon, le lendemain 8, rendait hommage à cette poignée de braves, et déclara que sans elle, il serait entré dans Vierzon en même temps que l'armée Française.

Officiers, soldats, oh ! braves ! tous braves et bons, très-bons soldats, disait-il.

Nous voici au 7 au soir. Vierzon regorge de débris de troupes de toutes les armes, d'auxiliaires dont les chevaux maigres et éreintés ne veulent plus aller, et qui campent sur les places; les granges et les écuries étant occupées par les troupes. Et pourtant une bonne partie de l'armée en débacle, depuis le matin, s'achemine déjà sur Bourges.

Sur les huit heures du soir, je suis informé que le général d'Aurelles de Paladines est destitué et qu'un de ses aides-de-camp s'étant présenté à la mairie de Vierzon, à l'effet d'obtenir un passeport pour le général se rendant à Marseille, le Maire et le conseil réunis ont invité ce dernier à se présenter en personne, pour y être entendu et justifier de sa destitution.

Il produit une dépêche du gouvernement de Tours le relevant de son commandement et l'autorisant à se retirer à Marseille.

Après un long entretien avec le Maire dans son cabinet particulier, le général est ramené à son hôtel par une escorte de gardes nationaux, et il prend le premier train se dirigeant sur Lyon.

Le conseil municipal de Vierzon, dès le 4 septembre, s'était déclaré en permanence, uniquement dans l'intérêt de la défense du pays, et en effet, trois conseillers au moins, jusqu'à la conclusion de l'armistice, ont siégé à la Mairie, nuit et jour.

Je me rendis à 9 heures du soir au comité de défense, avec la certitude que, le lendemain matin, nous devions opposer une vive résistance et empêcher notre ville d'être souillée par l'étranger.

J'y trouvai réunis les conseillers municipaux de Vierzon-Ville et Vierzon-Village, ainsi que les commandants des gardes nationales de ces deux villes et enfin différents officiers.

Sur la proposition faite par M. le maire, Armand Bazille, et que j'appuyai fortement, proposition rappelant à nos collègues que nous devions défendre à tout prix notre pays, il fut résolu, malgré les observations de quelques timorés, que la garde nationale de Vierzon se réunirait à 4 heures du matin, et après s'être approvisionnée en cartouches, irait occuper les tranchées de la forêt de Vierzon, à 4 kilomètres environ de la ville.

Je rentrai chez moi heureux de réparer par quel-

ques heures de repos les terribles fatigues que j'avais
supportées depuis quelque temps.

Quel ne fut pas mon étonnement, le lendemain au
réveil, en apprenant que pendant la nuit ordre d'é-
vacuer était arrivé au colonel Roud.

Les Francs-tireurs de l'Allier étaient partis ainsi
qu'un grand nombre de ceux de Tours.

Enfin, toutes les troupes évacuaient Vierzon avec
une précipitation indiquant la terreur de la débâcle.

La garde nationale elle-même, prise de vertige,
n'avait plus la même confiance et hésitait à se rendre
au rappel.

Déjà l'influence des pères de familles reprenait le
dessus, et cela se comprend, 50,000 hommes fuyaient,
abandonnant armes, bagages et le restant d'honneur
de l'armée française.

Qu'auraient fait ces gardes nationaux peu aguerris,
le désespoir dans le cœur, il est vrai, de voir la désor-
ganisation de notre malheureuse armée, et l'âme
morte de savoir que, malgré leur énergie, ils tou-
chaient à quelques heures de la présence et de la
souillure ennemie, mais incapables de se défendre?

Aussi ne puis-je qu'absoudre et plaindre mes
pauvres amis, obligés de supporter les réquisitions
d'un ennemi vainqueur.

Nous étions au 8 décembre, à 6 heures 1,2 du matin,
Nos malheureux convois dont les chevaux harassés
avaient à peine la force de traîner les carrioles, arrê-
tés par le verglas, avançaient difficilement, je résolus
d'empêcher par une résistance sérieuse l'arrivée ma-
tinale de l'ennemi dans les murs de Vierzon.

Je me rendis à la Mairie, où M. Bazille, maire de Vierzon, après une nuit d'angoisses, se lamentait en voyant arriver le moment fatal.

Les Francs-tireurs Vierzonnais, réunis à des Francs-tireurs de Tours, y attendaient une décision.

Ma compagnie avait ordre de se réunir une heure plus tard.

Je résolus donc de faire appel au dévouement de quelques braves, et d'aller défendre la forêt de Vierzon, afin de retarder l'arrivée de l'ennemi, et faciliter l'évacuation des troupes.

Plusieurs officiers du 77e de ligne, au désespoir, voulaient m'accompagner aux tranchées, ce qui me consola un peu des dispositions contraires dont tant d'autres avaient fait preuve.

Enfin, faisant un appel énergique aux volontaires, je pris le drapeau tricolore et accompagné de cent hommes de cœur, je me rendis aux tranchées.

En arrivant, je divisai mes volontaires en quatre postes, se reliant ensemble, et je fis allumer sur la lisière de la forêt un certain nombre de feux, de manière à donner le change à l'ennemi, et à lui faire supposer, tout d'abord, que la forêt était occupée par des forces considérables. Ce stratagème réussit complètement, car les premiers cavaliers Prussiens qui apparurent, au nombre d'environ 250, vers 10 heures et demie du matin, par la route de Salbris, s'arrêtèrent et attendirent des renforts qui ne leur arrivèrent que vers midi.

La colonne qui les rejoignit, forte d'environ 3 ou 4

mille hommes, artillerie, cavalerie et infanterie, mais dans laquelle la cavalerie dominait, hésita à son tour à s'engager plus avant.

Toutefois, l'indécision ne fut pas de longue durée, la colonne se fit précéder d'une forte reconnaissance, qui, rencontrant bientôt un de mes postes volants, fut accueillie par une vigoureuse décharge, trois cavaliers restèrent sur le sol, les autres tournèrent bride, mais ils revinrent peu après, bordant la route à droite et à gauche. Nous étions rentrés dans les tranchées ne perdant pas un seul de leurs mouvements et attendant qu'ils fussent à portée pour faire feu.

Et, en effet, quand la colonne ne fut plus qu'à 4 ou 500 mètres, une décharge générale et un feu parfaitement nourri de quelques secondes, mit pendant un moment le désordre dans leurs rangs, et un instant....., triste illusion, je pus croire qu'ils battaient en retraite.

Hélas ! une demi-heure plus tard, la colonne revenait plus compacte, poussant devant elle un troupeau de bestiaux, conduit par un homme et une femme placés en avant, avec la pensée, sans doute, que la crainte de les atteindre nous empêcherait de tirer.

Je commandai le feu, néanmoins, sur toute la ligne ; les bestiaux, effrayés, s'enfuirent dans toutes les directions, l'infanterie ennemie ouvrit alors ses rangs, et quatre pièces d'artillerie, immédiatement déchargées sur nos tranchées nous démontrèrent que toute résistance était inutile et impossible. Mais le but que je m'étais proposé était atteint, je n'avais voulu qu'entraver la marche de la colonne ennemie,

afin de donner le temps à nos convois et à nos traî-
nards, de gagner du terrain. — J'avais réussi au-
delà de mes espérances, et de plus je leur avais mis
cinquante hommes hors de combat. Ne voulant pas
sacrifier mes cent braves, j'en détachai vingt que je
chargeai de protéger notre retraite jusqu'à la deuxième tranchée, où bientôt ils nous rejoignirent.

Disposant ensuite tout mon monde sur deux lignes,
je me plaçai au milieu, et tandis que les Prussiens
canonnaient la forêt, à droite et à gauche, toujours
incertains si elle était ou non occupée, nous rentrions
tranquillement en ville.

Cette affaire nous avait coûté deux hommes, un
Franc-tireur de Tours et un mobile du 4me de marche
nommé Meurgey.

Trois mois plus tard, le cadavre d'un nommé
Menour, mobile du 38e de marche, faisant partie de
ma troupe, fut trouvé dans la forêt.

Le sous-lieutenant Rigaut, des Francs-tireurs de
Tours avait reçu une balle au doigt et une contusion
à la jambe.

Le soir même, je disais adieu à tous les miens, et
j'allais rejoindre ma compagnie, à Bourges, où elle
m'avait précédé. Derrière moi, l'ennemi faisait son
entrée à Vierzon.

DEUXIÈME PARTIE

Les abords de Chârost m'ayant été assignés comme cantonnement, j'avais pris gîte à la ferme de Milandre, dans ma famille, où une partie des Francs-tireurs de ma compagnie redevenus éclaireurs et opérant sans armes me tenaient au courant de ce qui se passait à Vierzon, occupé par l'ennemi depuis le 8.

Je savais qu'il n'y avait à Vierzon que 500 cavaliers dont la moitié était constamment en route dans les environs, occupés à y exercer des réquisitions. J'étais étonné que l'armée Française, cantonnée à Mehun et aux environs, instruite d'ailleurs par les soins de la Municipalité de l'effectif restreint de l'ennemi, n'opérât pas, soit pour le faire tout entier prisonnier, soit au moins pour le chasser de la ville.

Tous les jours en effet les Prussiens dirigeaient sur Salbris et Orléans par la voie ferrée, remorqués par des chevaux, des wagons remplis d'avoine et de subsistances de toute sorte, réquisitionnées dans les environs de Vierzon.

Impatient de voir ma ville délivrée de cette horde de pillards, qui évidemment n'étaient venus là que pour y exercer des réquisitions, j'étais résolu,

2

nous étions au 13 Décembre, à marcher sur la ville avec ma compagnie, lorsque le jour même l'armée Française, le 13ᵉ de chasseurs en tête prit vigoureusement l'offensive, et, me précédant de quelques heures, rentra à bride abattue à Vierzon où elle fit une dizaine de prisonniers à l'ennemi.

Les 14 et 15, ma compagnie, presque exclusivement composée de Vierzonnais, put se refaire un peu, et goûter les douceurs du foyer.

Le 16, l'armée va se reformer entre Villeneuve, Quincy, Ste-Thorette, Mehun, Marmagne et Bourges.

Nous allons d'abord à Bourges et le lendemain 17 à Mehun.

Du 18 au 26 nous occupons un poste avancé dans la forêt de Vierzon.

Le 27 à Teillay et le 28 à Salbris, avec la Légion bretonne, jusqu'au 31.

Le 1ᵉʳ Janvier 1871, les Prussiens menacent de nous tourner, et de nous cerner dans Salbris, mais notre attitude et l'exhibition de 4 pièces de montagne dont disposait la Légion bretonne, coupa court à leur projet.

Les 2 et 3 aux avant-postes à Salbris.

Le 4 retour à Vierzon pour la formation du corps de Bourbaki.

Le 5 à Foëcy.

Le 6 à Bourges où nous devions nous embarquer avec la Légion bretonne.

Je devais marcher sous les ordres du colonel Domalais pour lequel j'éprouvais la plus vive sympathie, mais un officier supérieur me dissuada de partir, me faisant comprendre qu'en raison de mes nombreuses relations et de la connaissance parfaite que moi et tous mes hommes avions de la topographie des lieux, nous étions à même de nous employer plus utilement dans notre pays que sur un point qui nous était complétement inconnu.

Je revins donc sur ma première détermination, et je sollicitai du général Mazure, commandant la 19ᵐᵉ division militaire à Bourges, l'autorisation d'opérer sous ses ordres.

Je fus immédiatement placé sous les ordres du colonel Pillias commandant les forces de la Chapelle-d'Angillon avec mission d'aller occuper le plus rapidement possible les avant-postes à Olligny.

Le 7 j'occupais Olligny.

Le 8, passant par Neuvy, nous allions occuper une ferme située à six kilomètres en avant de ce village.

Un régiment de mobilisés de la Gironde était placé en arrière.

Le colonel Pillias avec de l'infanterie de marine prenait position un peu au-dessus.

Aubigny. — Le général Pourcet et son corps en formation occupaient à ma gauche Vierzon, enfin sur ma droite à Aubigny j'avais les Francs-tireurs de l'Allier.

Je me mis en rapport avec les différents corps désignés ci-dessus, et je commençai aussitôt mes reconnaissances sur les points suivants :

Le 9 à Ménétréol.

Le 10 reconnaissance à Aubigny,

Le 11 retour à Ménétréol.

Le 12 à Souesmes.

Le 13 retour à la ferme des Beaudeaux.

Le 14 séjour.

Le 15 départ pour Pierrefite en passant par Ménétréol et Souesmes.

Dès mon arrivée à Pierrefite, j'appris que les Prussiens venaient tous les jours, soit à Salbris, soit à Nohan, exercer des réquisitions. Je poussai aussitôt avec une partie de ma compagnie jusqu'à Nohan, à 10 lieues en avant de l'armée Française. Je n'ignorais pas que j'avais à me garder sérieusement, les Prussiens ayant un poste de 500 hommes en avant à La Ferté St-Aubin et autant à Cléry.

Tous renseignements pris, je savais à très peu de chose près les heures de passage des détachements envoyés en réquisition, et le lendemain de bonne heure nous allions nous embusquer par un froid excessif dans les bois entre Lamotte-Beuvron et Nohan.

Jamais nous n'eûmes aussi froid que ce jour-là, ma malheureuse compagnie était toute enrhumée et véritablement sur les dents. C'est que pour des hommes peu aguerris nous faisions tous, vu la rigueur de l'hiver depuis le commencement de la campagne, un bien rude métier.

Ayant disposé tout mon monde par petits groupes bien dissimulés le long du bois, je guettai vêtu d'une blouse et d'un chapeau de cantonnier les vedettes Prussiennes que je savais être arrivées à Lamotte.

Mais soit pressentiment de leur part, soit que leurs espions eussent éventé notre présence dans le bois, nous ne voyions rien venir.

Mes braves compagnons étaient à demi-gelés et autant pour leur faire prendre un peu d'exercice que pour tenter quelque chose, je résolus d'exécuter un mouvement tournant qui n'était pas sans péril et de me rendre à Lamotte même, avec mes hommes, en suivant le côté gauche de la voie ferrée.

A peine nous étions-nous mis en marche, que 8 cavaliers s'engageaient sur la route, et passaient à la place même que nous venions de quitter.

Je fis immédiatement coucher mes hommes, et j'attendis que la reconnaissance ennemie nous eut dépassée, afin de lui couper la retraite, et de la prendre ou de l'anéantir toute entière.

Malheureusement un de mes Francs-tireurs, se laissant emporter par son ardeur, fit feu dès que la petite colonne fut à sa portée, et naturellement elle tourna bride aussitôt, ne laissant qu'un des siens tué roide et un cheval blessé.

Je me mis à leur poursuite, mais une compagnie d'infanterie Prussienne, logée dans les premières maisons de Lamotte, qu'ils avaient crénelées, nous attendait à son tour, au passage, dans une position par conséquent où ils avaient tous les avantages, je donnai le signal de la retraite, et nous allâmes coucher à Nohan, recommandant à tous mes hommes de se tenir prêts à toute éventualité, convaincu que nous serions attaqués dès la première heure le lendemain.

Ma compagnie allait jouer enfin un rôle sérieux, j'étais à dix lieues en avant de l'armée Française.

Je savais que, sur Brinon, les Francs-tireurs Bourbonnais inquiétaient aussi l'ennemi, et le forçaient à se diviser pour nous contenir;

Qu'en conséquence nous n'aurions à faire qu'à un détachement dont le nombre relativement restreint nous permettrait, sans trop de désavantages, d'engager la lutte; et, plein d'espoir, je fis demander au colonel Fourchaut commandant l'Etat-Major du 25e corps, de me donner quelques cavaliers, si non indispensables, du moins d'un grand secours, pour la réussite et la célérité de mes opérations. J'étais résolu en effet s'ils ne venaient pas à nous, d'aller à eux, et de les déloger de La Ferté-Saint-Aubin.

J'étais admirablement secondé par mon lieutenant Fraillon, infatigable pour le service et mon sous-lieutenant Poirier d'un caractère énergique, sur le courage duquel je pouvais m'appuyer.

Venaient ensuite l'adjudant Mercier, patriote convaincu, le brave sergent-major Escouffier, qui tous avaient pris leur métier à cœur, et remplissaient leurs fonctions avec un zèle et une intelligence remarquables.

Ayant reçu l'autorisation du général Mazure d'augmenter l'effectif de ma compagnie si je le jugeais utile, j'engageai pour le lendemain quelques braconniers, paysans solognots qui souffraient cruellement de la présence et des réquisitions continuelles des Prussiens, pour renforcer ma troupe et nous servir de guides.

Comme on le voit, j'étais bien secondé, et avec de tels éléments il m'était permis d'espérer de mener à bonnes fins l'entreprise que je projetais.

Le lendemain matin de bonne heure, je visitai tous les postes, je trouvai tout mon monde dans les meilleures dispositions.

Une bonne nuit, et l'excellent accueil qui nous avait été fait par la municipalité de Nohan, comme toujours extrêmement bienveillante pour nous, et à laquelle, profitant de l'occasion de mon passage, j'avais témoigné la veille ma très-vive reconnaissance, avait dissipé toute trace de fatigue.

Je recommençais à désespérer de voir arriver les Prussiens, quand, vers deux heures du soir, huit d'entre eux firent leur apparition, s'avançant indécis et avec précaution sur Nohan.

Ils firent halte à l'entrée du bois de la montée des Sous, et parurent se concerter.

Je pris alors une dizaine d'hommes avec moi et les postai derrière la première maison du village, laissant une forte réserve dans Nohan, sous les ordres de mon lieutenant Fraillon.

Nous devions laisser pénétrer les Prussiens dans Nohan et les y cerner.

Mon plan arrêté et communiqué à tous, de manière à ce que chacun sut bien ce qu'il avait à faire, je m'affublai d'une blouse et un balai de cantonnier à la main, je m'acheminai sur la route, faisant semblant de balayer, mais en réalité ayant l'œil fixé sur les cavaliers, et ne perdant pas un seul de leurs mouvements de vue. Ils allaient et venaient faisant mine de se rapprocher du bourg, dont ils n'étaient qu'à environ 1,100 mètres, mais en somme, ne quittant pas les abords du point de leur halte.

Je pénétrai bientôt le secret de leurs manœuvres.

Un certain nombre de fantassins Prussiens masqués par les chevaux, s'étaient faufilés dans le bois, et les évolutions des cavaliers n'avaient d'autre but que de nous attirer sur le point où ils se tenaient cachés.

Je rentrai dans la maison pour communiquer mes observations à mon sous-lieutenant Poirier, posté avec ses dix hommes, mais tandis que nous nous concertions, cherchant le moyen le plus sûr et le plus prudent d'arriver à les déloger du bois, les cavaliers prenaient le galop, et au moment où je sortais de la maison, je me trouvai face à face avec le premier d'entre eux, toujours en avant sur les autres d'une vingtaine de mètres.

Je rentrai aussitôt pour aller prendre mon fusil, mais avant même que je fusse revenu, les cavaliers prussiens s'en retournaient à bride abattue, au milieu d'une vive fusillade de la part des miens.

Voulant m'assurer si les fantassins Prussiens, que j'avais vu entrer dans le bois, s'y trouvaient toujours, et si nous n'avions pas à redouter une surprise pour la nuit, je fis placer ma compagnie en bataille, et demandai un homme de bonne volonté pour aller explorer le bois, et par conséquent, au besoin, s'exposer à essuyer un feu de peloton.

Le nommé Langlois sortit le premier des rangs, et tandis qu'il partait remplir sa périlleuse mission je donnai l'ordre à ma compagnie d'aller se poster dans un petit bois, à 800 mètres environ, en face des Prussiens, quant à moi, je suivais mon brave Langlois à une distance de cent mètres, prêt à toutes les éventualités.

Soit qu'il ne fût pas du goût des Prussiens d'engager sérieusement la lutte avec nous, et que, pour cette raison, ils eussent l'intention de nous intimider, ils commirent la faute que mes Francs-tireurs avaient commise la veille, ils tirèrent trop tôt.

Nous étions en effet à 350 mètres environ du point où ils étaient embusqués quand un feu de peloton, sorti des deux côtés de la route, vint sous forme d'avis m'annoncer que notre présence était éventée.

Au bruit de la fusillade j'estime que l'embuscade se composait de 30 à 40 hommes.

Je poussai alors un cri de ralliement, et mon brave Langlois qui, comme je l'ai dit plus haut, n'était qu'à environ 100 mètres en avant de moi, déchargea deux fois son arme sur les Prussiens, puis longeant le talus en s'effaçant le plus possible, sachant bien qu'il était le point de mire de l'embuscade, il battit en retraite au milieu d'une grêle de balles, et nous rejoignîmes ensemble ma compagnie.

Ses deux coups de fusil avaient blessé deux Prussiens.

Guidé par la fumée, je commandai un feu de peloton, dans la direction du bois, où se trouvait l'ennemi.

Puis, profitant de tous les accidents de terrain et rampant pour ainsi dire le long du talus, en un instant nous abordions tous ensemble la lisière du bois où se tenaient les Prussiens, et soit que, par la justesse de notre tir, ils s'imaginassent que nous étions plus nombreux que nous ne l'étions réellement, soit qu'ils eussent ordre d'éviter tout engagement sérieux, ayant à emmener et à protéger un convoi de vingt voitures de subsistances réquisitionnées à Lamotte, ils s'enfuirent à notre approche par Lamotte, avec l'intention d'emmener en toute hâte leur convoi.

Mais enhardis par le bruit de la fusillade, les conducteurs requis pour conduire les voitures, s'étaient enfuis, abandonnant les attelages, se doutant bien que les Prussiens n'oseraient pas, se sachant observés de près, les emmener eux-même, sur La Ferté St-Aubin, où se trouvaient leurs renforts.

Et, en effet, alors qu'à peine arrivés au galop en tête du convoi, les premiers cavaliers Prussiens s'écriaient, moitié en français moitié en allemand : « En avant route de La Ferté »; ils furent fort désappointés de ne plus trouver un seul conducteur.

Furieux de cette déconvenue, ils mirent le feu à la première maison la plus proche de leur main, et, ralliant leur détachement de fantassins, ils regagnèrent précipitamment le poste de la Ferté-Saint-Aubin, emmenant, au lieu du convoi, trois des leurs grièvement blessés et un cheval ayant la cuisse cassée.

J'avais pour mission de former rideau sur la formation du 25ᵉ corps, et d'aviser le général Pisani commandant la 2ᵉ division du 25ᵉ corps des moindres mouvements de l'ennemi, le général Pourcet avec deux divisions devant tenter une attaque .fortuite sur Blois.

Le but, objet de ma mission, réellement intéressante, était donc atteint.

Rentrés à Nohan, je donnai mes instructions à la compagnie, lui recommandant surtout la plus vigilante surveillance, notre vie à tous dépendant d'une surprise.

Au surplus, tout le monde était de garde, je fis en outre prévenir les habitants de Nohan qu'ils eussent à être rentrés chez eux à 9 heures précises.

Mais la tâche qui m'était dévolue était trop considérable pour un effectif aussi restreint que l'était celui de ma compagnie.

Tous mes hommes en effet étaient à bout de forces, et il devenait indispensable de leur donner un peu de repos.

Le lendemain donc, j'envoyais mes trois éclaireurs paysans explorer les lignes Prussiennes en leur donnant rendez-vous au château de Mont-Evray, placé au milieu des bois, et j'informai le colonel Fourchault, en le priant de m'envoyer le renfort qu'il m'avait promis, du point où j'allais me cacher, pendant deux jours, avec ma compagnie, pour organiser une nouvelle embuscade.

Dès le lendemain, en effet, la compagnie des Francs-tireurs de Loir-et-Cher d'un effectif de 50 hommes, commandée par le sous-lieutenant Balloteau, et la compagnie des Francs-tireurs de la Vienne, y compris les officiers, venaient se placer sous mes ordres.

J'avais donc sous mon commandement environ 160 hommes, je ne m'étais encore jamais trouvé à la tête de forces aussi considérables, et je résolus de profiter de l'occasion pour prendre l'offensive à l'égard de la reconnaissance journalière composée d'environ 10 à 12 cavaliers et 45 fantassins, que les Prussiens envoyaient à Lamotte et à Nohan.

Je savais d'ailleurs de source sûre qu'autant les cavaliers étaient hardis, autant les fantassins étaient mous et peu faits pour résister à une attaque sérieuse.

Le lendemain donc, à trois heures du matin, tandis que j'allais me poster entre Lamotte-Beuvron et la Ferté-Saint-Aubin, à six lieues de notre point de départ, les Francs-tireurs de la Vienne et du Loiret, se portaient entre Lamotte et Nohan, de manière à prendre à un moment donné l'ennemi entre deux feux, et à lui couper la retraite par la Ferté, en le forçant par une vigoureuse attaque à s'engager tout d'abord par la route de Lamotte.

Tout s'étant passé comme je l'avais prévu, les Prussiens descendant par Lamotte sur Nohan, je remontai prendre mon poste dans les bois, après avoir fait tendre des fils de fer qui prenaient toute la largeur de la route, et blotti dans le bois, j'attendis les événements en compagnie de plusieurs personnes de Lamotte, qui m'avaient donné les renseignements les plus précis, touchant la composition de la petite troupe que nous attendions.

Je savais par ces personnes que nous allions avoir affaire à 50 fantassins et 10 cavaliers. — Nous étions donc en force.

A deux heures, une vive fusillade vint en même temps, et nous donner le signal de l'engagement, et nous inviter à nous préparer à entrer en ligne.

En effet, dix minutes après, trois cavaliers venaient ventre à terre, se heurter aux fils de fer, placés en travers de la route. — Sur les trois, un officier et un sous-officier roulaient à terre.

L'officier, blessé très-grièvement eût encore la force de rentrer dans le bois, et d'aller mourir sur le talus du chemin de fer, le sous-officier, atteint par onze balles, ne succomba que deux heures plus tard.

Derrière les cavaliers arrivaient les fantassins Prussiens, vigoureusement poursuivis par nos Francs-tireurs.

Nous pensions tenir toute la troupe ; prise ainsi entre deux feux, il ne devait pas s'en échapper un homme, mais nous avions compté sans la connaissance parfaite qu'ils avaient des lieux.

En effet, arrivés à la hauteur d'un petit chemin de traverse donnant accès dans le bois, ils s'y engagèrent précipitamment, sans la moindre hésitation, ils passèrent un pont de chemin de fer, où une vive fusillade de notre part en mit un certain nombre hors de combat, et ils échappèrent ainsi à notre embuscade.

Certainement j'avais compté sur un résultat plus décisif, mais néanmoins celui obtenu constituait un avantage sérieux, puisque nous avions tué deux Prussiens, et que nous en avions blessé un certain nombre d'autres, tandis qu'aucun de nous n'avait reçu une égratignure.

Le soir je vins occuper Lamotte-Beuvron. — Je redoutais une surprise pour la nuit, après l'échec et les pertes que nous avions infligés à l'ennemi, et ayant vu d'ailleurs un des officiers Prussiens qui, dans sa retraite et dans un accès de fureur, avait cassé son sabre, — mais je pris mes mesures en conséquence.

En attendant, mes hommes profitèrent de la collation que les Prussiens venaient journellement prendre à Lamotte-Beuvron, et ils purent, en arrivant, se réconforter quelque peu.

Ayant pris toutes les dispositions qu'exigeait la plus vigilante prudence j'envoyai mes éclaireurs dans toutes les directions. Vers minuit, j'appris qu'un renfort de 500 hommes et des pièces de canon étaient arrivés à l'ennemi, rallié à la Ferté.

Le poste de Cléry, fort de 500 hommes occupait déjà ses positions.

Comprenant de suite la gravité de la situation, immédiatement je pris les mesures défensives commandées par les circonstances.

A six heures du matin, tout mon monde, y compris les Francs-tireurs de la Vienne et ceux de Loir-et-Cher, était à son poste, prêt à faire bravement son devoir.

Mais une députation des habitants de Lamotte, par crainte de voir leurs maisons exposées à être incendiées et la commune bombardée, étant venue me prier de ne pas engager le combat, je ne crus pas pouvoir me dispenser d'accéder à leur demande, et, en conséquence, j'ordonnai le départ de toute ma petite troupe sur Nohan, où en cas d'attaque j'avais les bois pour refuge.

Quelque temps après avoir quitté Lamotte, je ne fus pas peu surpris d'entendre sur nos derrières le bruit d'une vive fusillade. Le lieutenant Balloteau des Francs-tireurs de Loir-et-Cher m'apprit alors que sept hommes de sa compagnie n'avaient pas cru devoir déférer à l'ordre de retraite qui leur avait été transmis.

Or, c'étaient eux qui, postés dans le bois de Guyon, en avant de Lamotte-Beuvron, se trouvaient traqués par l'ennemi fort de 200 cavaliers et autant de fantassins.

Avides d'une revanche, dans leur implacable et cruelle fureur, les cavaliers Prussiens, après en avoir massacré six sans pitié, avaient fait fouler leurs cadavres, sous les pieds de leurs chevaux.

Sur les 7, un seul, gravement blessé de deux coups de sabre dans les reins et le corps meurtri de contusions, put échapper à cet affreux carnage.

Voici les noms des malheureux qui payèrent de leur vie cet acte de désobéissance.

Joby, sergent-fourrier, de Blois ;

Bennezetty—Paulin, caporal de Montpellier ;

Blanchet, sergent;

Perrot, de Paris;

Verlet, américain ;

Ribaud Ernest, mobilisé de la Vienne.

Les actes de décès ont été envoyés aux familles.

Comme on le voit, bien m'en avait pris de ne pas rester à Lamotte, car tandis que 500 Prussiens arrivaient par la Ferté-Saint-Aubin, une autre troupe d'un nombre égal prenait la route de Brinon, de sorte qu'en cas de résistance de notre part, je me serais trouvé pris entre deux feux.

Je me repliai sur Nohan avec ma troupe, où je fus rejoint par 5 dragons, qui m'étaient envoyés par le général Pisani.

Je détachai ces derniers en vedette.

Vers dix heures ils rentraient à Nohan m'annonçant l'arrivée des Prussiens.

J'avisai immédiatement le général Pisani de la position dans laquelle je me trouvais par suite de ce mouvement de l'ennemi, lui déclarant en outre que je me proposais de ne battre en retraite que pas à pas, jusqu'à Salbris, afin de lui donner le temps d'y porter un millier d'hommes, et d'être en mesure d'exécuter un retour offensif.

En attendant sa réponse, je projetai d'établir une barricade.

Mais encore cette fois, je dus, dès les premiers préparatifs, céder aux instances de la population, très alarmée des conséquences que notre résistance pouvait avoir pour leurs communes, et je battis en retraite par la route de Salbris.

A peine étions-nous à l'extrémité du bourg que quelques obus Prussiens tombaient aux abords de l'église de Nohan, et, traversant la ligne du chemin de fer, quelques-uns venaient même éclater au milieu de nous, sans blesser personne toutefois.

L'ennemi qui venait occuper Nohan avait un effectif de 500 hommes et 4 canons.

Une troupe d'égale force arrivait par la route de Chaumont, et certainement aurait encore une fois essayé de me cerner ou tout au moins de me couper la retraite, ce à quoi il aurait peut-être réussi, l'effectif des forces mises en ligne contre nous étant d'environ 1,500 hommes, bien pourvus d'artillerie.

En présence de forces aussi considérables, ma petite troupe ne pouvait rien tenter, je m'enfonçai donc complétement dans le bois, très profond à cet endroit, avec mes hommes.

Je fis ensuite filer sur Salbris en leur faisant décrire un crochet, guidées par quelques hommes de ma compagnie connaissant parfaitement les bois, les compagnies de la Vienne et du Loir-et-Cher, qui m'auraient gêné par le nombre dans mes évolutions, et attirant à moi, avec ma petite troupe, la poursuite de l'ennemi, peu dangereuse pour nous d'ailleurs, enfants du pays qui avions une connaissance parfaite des lieux, je m'acheminai sur le château de Mont-Evray, point où il perdit complétement notre trace.

Malheureusement cette fois, six des nôtres, ainsi que je l'ai dit plus haut, avaient payé de leur vie leur acte de désobéissance ; mais ils s'étaient bravement défendus, car, tout compte fait, il y avait trois cadavres Prussiens contre un franc-tireur.

J'ai su depuis que le septième, dont je regrette de ne pouvoir citer le nom, l'ayant oublié, est complétement remis de ses blessures.

Le lendemain nous venions coucher à Salbris.

Deux jours plus tard, la suspension d'armes était signée, et j'étais rappelé auprès du général Pisani, par l'ordre duquel ma compagnie fut maintenue exceptionnellement, à titre de compagnie franche, et incorporée par décret du 5 février au 25e corps d'armée, dont jusqu'au 5 mars je tins continuellement les avant-postes.

Vierzon, le 25 août 1871.

Le Capitaine Commandant la Compagnie
des Francs-tireurs Vierzonnais.

TOUTTAIN Fils.

PIÈCES JUSTIFICATIVES

Vierzon le vendredi 20 janvier.

Mon cher Capitaine,

Continuez à marcher comme vous faites, allez de l'avant et crossez-moi tous ces gens-là ; ils ne vont pas à la cheville de vos braves soldats.

Je vous envoie 50 ou 60 bons francs-tireurs qui ne demandent qu'à marcher, et qui vous seconderont bien.
Bon courage et tout à vous.

Pour copie conforme :

Le colonel chef d'État-major général
du 25e corps d'armée,

FOURCHAULT.

M. le Capitaine des francs-tireurs vierzonnais à Nouan-le-Fusellier.

Vierzon, le Dimanche 22 janvier.

Mon cher Capitaine,

Continuez à vous occuper activement de votre affaire, et suivez avec soin les mouvements que vous pourrez saisir par les informations du voisinage. Jusqu'à nouvel ordre, le commandement de toute la troupe d'infanterie vous est dévolu, comme étant le plus ancien, et d'ailleurs j'ai la conviction que la chose ne vous sera pas contestée. Les éclaireurs de Loir-et-Cher sont en petit nombre, mais je crois qu'ils ont de bons soldats : Il y a surtout deux anciens sous-officiers du 2ᵉ zouaves sur lesquels je crois que vous pouvez compter ; le jeune sous-lieutenant, M. Balloteau, avec sa figure douce et sa voix de jeune fille, me paraît également un garçon déterminé. Seulement ce petit détachement est armé d'une façon insuffisante, et n'a point de cartouches pour ses Remington.

Je vous ai envoyé un deuxième détachement fort bien tenu et de belle mine, qui m'a paru formé de garçons bien disposés. Comme ils ont entre les mains quelques Remington et des munitions *ad hoc*, il a été convenu qu'ils en céderaient fraternellement quelques-unes à leurs camarades du Loir-et-Cher.

Vous avez donc sous vos ordres environ 200 francs-tireurs, avec lesquels vous pourrez inquiéter et gêner passablement les Prussiens, si vous les employez avec prudence et en évitant de fatiguer inutilement vos hommes. Renseignez-vous par avance ; prenez bien vos renseignements. Partez à temps pour opérer, donnez vos ordres de détail comme *heure* et comme *direction* d'une manière bien précise. Il serait à désirer que vous puissiez un beau matin cerner le château de La Ferté, où vous feriez certainement un beau coup.

Pour cela, je pense qu'il vous faudrait un peu de cavalerie, et je ferai en sorte de vous en envoyer ; je tâcherai de vous donner un escadron. — Pour le moment, je prescris que les huit dragons de Theillay soient mis à votre disposition avec un maréchal-des-logis très-énergique ; ils pourront toujours vous rendre quelques services, mais prenez garde de les éreinter inutilement.

Vous me rendrez compte, s'il est possible, jour par jour, de vos petites opérations par un cavalier que vous m'enverrez au pas ou au petit trot.

Ménagez votre monde en dehors de l'action, mais dans l'action, allez jusqu'au bout ; surtout ayez soin de vous faire bien comprendre, afin de vous éviter le chagrin, ou tout au moins la vive contrariété que vous ferait éprouver un plan d'opération sans réussite.

Je serai très-désireux de vous envoyer de Vierzon un officier de cavalerie qui me paraît bien connaître son métier, et je ferai en sorte qu'il parte si rien ne s'y oppose.

Encore une fois, prenez bien vos dispositions, soit pour combattre, soit pour vivre ; veillez à ce que les populations soient respectées.

J'espère avoir bientôt des compliments à vous faire.

Pour copie conforme :

Le colonel chef d'État-major général
du 25ᵉ corps d'armée,

Fourchault.

Vierzon, le mardi 24 janvier.

Mon cher Capitaine,

Le général me charge de vous féliciter de l'heureux résultat que vous avez obtenu au moyen de votre petite troupe, et de vous engager à persévérer dans la même voie pour tâcher de faire mieux s'il est possible.

Je pense que vous auriez pu arriver à quelque chose de plus si vous aviez pris les dispositions nécessaires pour cerner les éclaireurs Prussiens au lieu de les attaquer de face.

Cela tient sans doute à l'empressement déplorable que mettent les hommes à se servir de leurs armes, et aux appréhensions exagérées qui s'emparent de leur esprit au moment de l'action.

Persuadez-leur donc bien qu'ils doivent mettre dans toutes ces petites opérations le plus grand sang-froid, et de s'arranger de façon à faire de nombreux prisonniers. — Ce dernier point serait extrêmement avantageux pour le corps des francs-tireurs.

Quoiqu'il en soit, le général commandant le 25ᵉ corps vous adresse des éloges, et je me permets d'y joindre les miens propres.

M. Lachapelle va vous rejoindre et opérer avec vous quelques jours si cela est nécessaire.

Tâchez de me faire parvenir de vos nouvelles sur Romorantin et au-delà par des gens du pays.

Bien à vous.

Pour copie conforme :

Le colonel chef d'Etat-major général
du 25ᵉ corps d'armée,

FOURCHAULT.

Saint-Amand, le 6 mars 1871.

Mon cher Capitaine,

Je m'empresse de vous annoncer que j'envoie à M. le Ministre de la guerre un état de proposition pour chevalier de la Légion-d'Honneur établi en votre faveur.

Je serais très-heureux de voir récompenser votre dévouement et votre patriotisme. Je me souviendrai toujours des services que vous m'avez rendus.

Je vous salue affectueusement.

Pour copie conforme :

PISANI-JOURDAIN,
Général de la 3e division du 25e corps.

BOURGES, IMPRIMERIE ET LITHOGRAPHIE A. JOLLET.

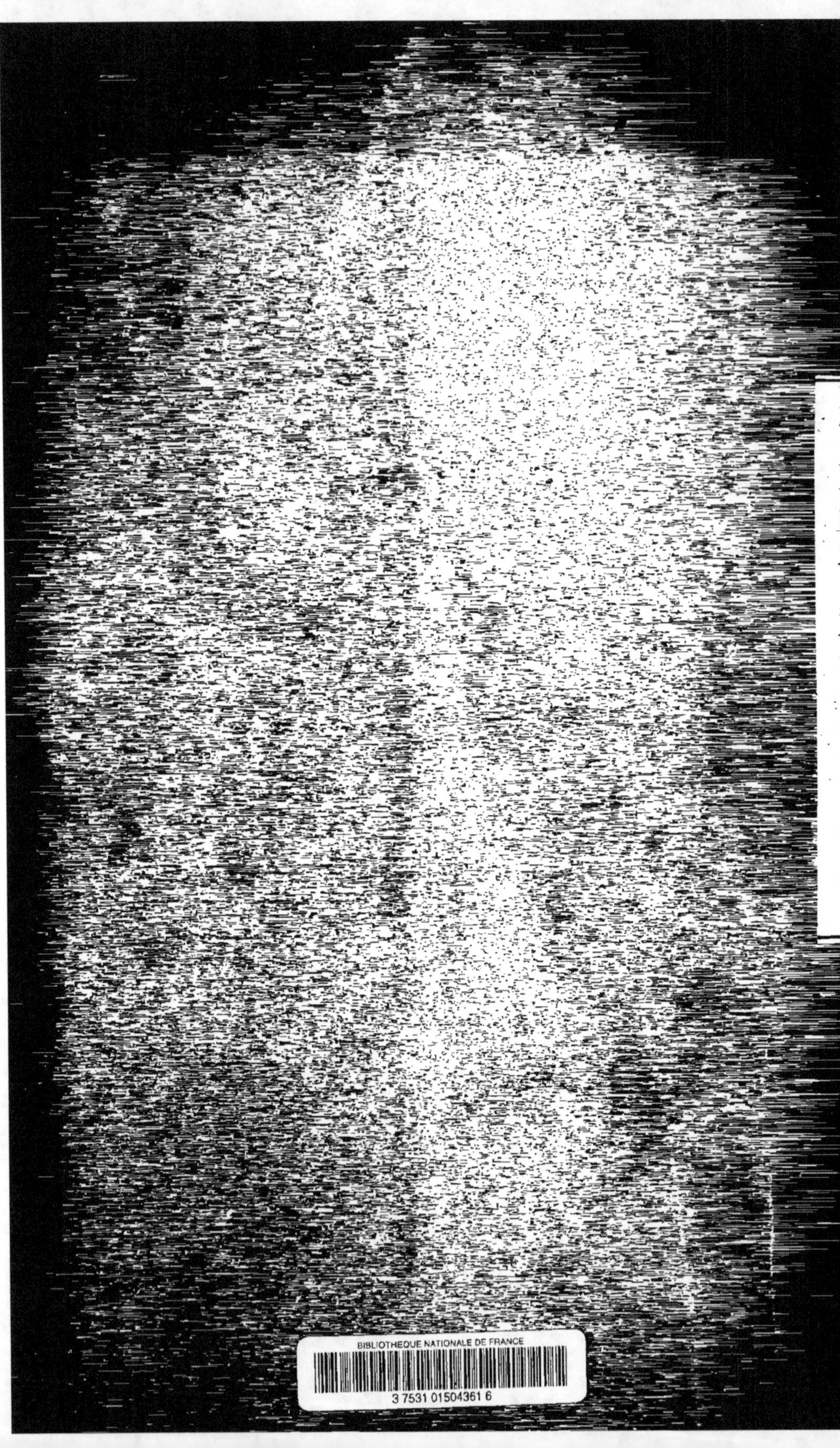

www.ingramcontent.com/pod-product-compliance
Lightning Source LLC
Chambersburg PA
CBHW061619060726
47597CB00005B/1716